Matthias Fiedler

Paru Eiddo Tirol Arloesol: Broceriaeth Eiddo Tirol Heb Gymhlethdod

Paru eiddo tirol: y ffordd effeithiol, hawdd a phroffesiynol i gyfryngu trwy borth paru eiddo tirol arloesol

Gwasgnod

Rhifyn 1af fel llyfr argraffedig | Chwefror 2017
(Cyhoeddwyd yn wreiddiol yn Almaeneg, Rhagfyr 2016)

© 2016 Matthias Fiedler

Matthias Fiedler
Erika-von-Brockdorff-Str. 19
41352 Korschenbroich
Yr Almaen
www.matthiasfiedler.net

Cynhyrchu ac argraffu:
gweler y dudalen olaf

Dyluniad y clawr: Matthias Fiedler
Creu'r e-lyfr: Matthias Fiedler

ISBN-13 (clawr papur): 978-3-947184-83-5
ISBN-13 (e-lyfr mobi): 978-3-947184-03-3
ISBN-13 (e-lyfr epub): 978-3-947184-04-0

Gwybodaeth lyfryddol Llyfrgell Genedlaethol yr Almaen: Mae Llyfrgell Genedlaethol yr Almaen wedi cofrestru'r cyhoeddiad hwn yn Llyfryddiaeth Genedlaethol yr Almaen; gellir gweld gwybodaeth lyfryddol fanwl ar-lein ar http://dnb.d-nb.de.

CRYNODEB

Mae'r llyfr yma'n cynnwys cysyniad chwyldroadol ar gyfer ap porth paru eiddo tirol byd eang ynghyd â chyfrifiad o elw posibl sylweddol (biliynau o ewros) pan fydd wedi ei integreiddio mewn meddalwedd broceriaeth eiddo tirol yn cynnwys prisio eiddo (triliynau o ewros o elw posibl).

Trwy wneud hyn gall eiddo preswyl a masnachol, at ddefnydd personol neu i'w defnyddio i rentu, gael ei gyfryngu yn effeithiol a chyflym. Dyma yw dyfodol cyfryngu eiddo tirol arloesol a phroffesiynol ar gyfer pob brocer eiddo tirol a phrynwyr a rhentwyr posibl. Mae paru eiddo tirol yn gweithio ym mron pob gwlad a hyd yn oed ar draws ffiniau.

Yn hytrach na chael broceriaid yn "dod" ag eiddo i brynwyr neu rentwyr posibl, mae buddgyfranogwyr yn cael eu paru trwy eu proffiliau chwilio ar y porth paru eiddo tirol, ac yna'n cael eu cysoni a chysylltu gydag eiddo a hysbysebir gan froceriaid eiddo tirol.

CYNNWYS

RHAGAIR

Yn 2011, fe gefais y syniad o greu'r system arloesol i baru eiddo tirol a ddisgrifir yn y tudalennau hyn.

Dwi wedi bod yn gweithio yn y diwydiant eiddo tirol ers 1998 (yn cynnwys cyfryngu eiddo tirol, prynu a gwerthu, prisio, rhentu a datblygu eiddo). Ymysg pethau eraill, rwy'n werthwr cymwys (IHK), economegydd eiddo tirol (ADI) ac yn arbenigwr mewn prisio eiddo (DEKRA) yn ogystal â bod yn aelod o Sefydliad Brenhinol y Syrfewyr Siartredig (MRICS) a gydnabyddir yn rhyngwladol.

Matthias Fiedler

Korschenbroich, 31 Hydref 2016

www.matthiasfiedler.net

1. Paru eiddo tirol arloesol: broceriaeth eiddo tirol heb gymhlethdod

Paru eiddo tirol: broceriaeth eiddo tirol effeithiol, hawdd a phroffesiynol trwy borth paru eiddo tirol arloesol

Yn hytrach na chael brocer yn "dod" ag eiddo i brynwr neu rentwr posibl, mae cwsmer posibl yn cael ei baru trwy broffil chwilio ar ap y porth paru eiddo tirol, ac yna'n cael eu cysoni a chysylltu gydag eiddo'r brocer eiddo tirol.

2. Nodau prynwyr posibl a gwerthwyr posib

Ar gyfer y gwerthwr eiddo neu landlord, mae'n bwysig bod ei eiddo yn cael ei werthu neu rentu'n gyflym ac am y pris gorau posibl.

Ar gyfer y prynwr neu rentwr posibl, mae'n bwysig dod o hyd i'r eiddo priodol yn unol â dewisiadau personol, ac yna gallu prynu neu rentu yn gyflym a hawdd.

3. Ymagweddau cynharach i'r chwiliad eiddo tirol

Yn gyffredinol, byddai pobl yn chwilio am eiddo tirol yn chwilio am eiddo o fewn ardal benodol yn y pyrth eiddo tirol ar-lein mawr. Yn dilyn hynny, wedi iddynt greu proffil chwilio cryno, gellir anfon hysbysiadau neu restr gyda dolenni priodol at eiddo trwy e-bost. Mae hyn fel arfer yn digwydd dros 2 i 3 porth eiddo tirol. Yn olaf, cysylltir â'r gwerthwr, fel arfer trwy e-bost, sy'n cael cyfle i gysylltu â'r rhai sydd â diddordeb.

Gall buddgyfranogwyr hefyd gysylltu â broceriaid eiddo tirol unigol yn y rhanbarth dan sylw sy'n cael cyfarwyddyd i chwilio.

Mae'r gwerthwyr ar y pyrth eiddo tirol yma yn werthwyr preifat a masnachol. Mae gwerthwyr masnachol yn gyffredinol yn asiantau eiddo tirol, gyda rhai contractwyr adeiladu, asiantaethau eiddo tirol a busnesau eraill sy'n ymwneud ag eiddo (yn y testun, mae gwerthwyr masnachol wedi eu pennu fel broceriaid eiddo).

4. Anfantais gwerthwyr preifat / mantais defnyddio brocer eiddo tirol

O ochr y gwerthwr preifat, nid yw eiddo ar werth bob amser yn arwain at werthiant uniongyrchol, gydag eiddo a etifeddwyd er enghraifft, ble gall fod anghydfod ymysg yr etifedd neu ddiffyg ewyllys. Yn ogystal, gall materion cyfreithiol heb eu datrys, yn arbennig o ran hawl i fyw rhywle, gymhlethu gwerthiant.

Efallai nad yw landlordiaid preifat wedi cael cymeradwyaeth swyddogol ar gyfer eiddo rhent, er enghraifft os yw eiddo masnachol yn cael ei hysbysebu fel fflat i'w rhentu.

Os yw'r gwerthwr yn frocer eiddo, mae'r agweddau a grybwyllwyd uchod yn gyffredinol eisoes wedi eu setlo. Yn ogystal, mae holl ddogfennau perthnasol yr eiddo (cynllun tir, gosodiad, tystysgrif ynni, cofrestr tir, dogfennau swyddogol ac ati) wrth law. Fel hyn, gellir cwblhau gwerthiant neu rentu yn gyflym a heb unrhyw gymhlethdodau.

5. Paru eiddo tirol

I allu paru prynwr posibl a gwerthwr neu rentwr yn gyflym ac effeithlon, yn gyffredinol mae'n bwysig cynnig strategaeth systematig a phroffesiynol.

Yma fe ddefnyddir dull tu chwith ar gyfer broceriaid eiddo yn chwilio am a chanfod cwsmeriaid gyda diddordeb a'r ffordd arall. Mae hyn yn golygu yn hytrach na "dod" ag eiddo i brynwr neu rentwr posibl, mae cwsmeriaid yn cael eu paru trwy eu proffiliau chwilio dros yr ap y porth paru eiddo tirol, ac yna'n cael eu paru a chysylltu gydag eiddo a hysbysebir gan y brocer eiddo tirol.

Yn y cam cyntaf, mae'r prynwyr posibl yn sefydlu proffil chwilio personol yn y porth paru eiddo. Mae'r proffil chwilio yn cynnwys tua 20 nodwedd. Mae'r nodweddion canlynol, ymysg eraill (nid yw'n restriad cyflawn) yn bwysig ar gyfer y proffil chwilio hwn:

- Rhanbarth / cod post / ardal

- Math o wrthrych

- Maint y plot

- Gofod byw

- Pris prynu/rhentu

- Blwyddyn adeiladu

- Nifer o loriau

- Nifer o ystafelloedd

- Rhentu (ie / na)

- Seler (oes / na)

- Balconi / teras (oes / na)

- Math o wresogydd

- Lle parcio (oes / na)

Mae'n bwysig yma nad yw'r nodweddion yn cael eu nodi'n agored, ond yn hytrach yn cael eu dewis trwy glicio ar y maes perthnasol (er enghraifft, "math o wrthrych") o restr a ddarparwyd gydag opsiynau (er enghraifft, ar gyfer math o wrthrych: fflat, tŷ teulu unigol, warws, gofod swyddfa ac ati.)

Neu, gall prynwyr posibl sefydlu proffiliau chwilio atodol. Mae hefyd yn bosibl newid proffil chwilio.

Rhaid i'r buddgyfranogwyr hefyd roi manylion cyswllt llawn yn y meysydd a nodwyd, yn cynnwys cyfenw, enw cyntaf, cyfeiriad stryd a rhif y tŷ, cod post, sir, rhif ffôn ac e-bost.

Yn y cyd-destun hwn, mae'r buddgyfranogwyr yn cydsynio i adael; i froceriaid eiddo gysylltu â nhw, ac i dderbyn manylion eiddo perthnasol sydd ar gael (exposés).

Yn ogystal, mae'r buddgyfranogwyr yn cwblhau cytundeb gyda gweithredwr y porth paru eiddo tirol.

Yn y cam nesaf, mae'r proffiliau chwilio ar gael dros API, neu ryngwyneb rhaglennu rhaglen (tebyg i'r API "openimmo" yn yr Almaen, er enghraifft) i froceriaid eiddo tirol sy'n cyfranogi, nad ydynt eto'n weladwy. Dylid nodi bod y dylai'r API hwn – sy'n allweddol i'r rhaglen – gefnogi bron i bob meddalwedd cyfryngu eiddo tirol sydd ar gael, neu warantu y trosglwyddir y data. Os nad, dylid gwneud hyn ble bynnag fo'n dechnegol bosibl. Gan fod yna ryngwynebau eraill eisoes ar gael fel yr API "openimmo" a grybwyllir uchod ac APIs eraill mewn defnydd, dylid bod yn bosibl trosglwyddo proffil chwilio.

Nawr mae'r broceriaid eiddo tirol yn cymharu eu heiddo sydd ar gael gyda'r proffiliau chwilio. Yma mae'r eiddo yn cael eu cyflwyno i'r porth paru eiddo tirol a'r nodweddion perthnasol yn cael eu cysoni a pharu.

Yn dilyn paru llwyddiannus bydd yn cyflwyno canran paru. Mae'r proffiliau chwilio yn weladwy yn y meddalwedd broceriaeth eiddo tirol wedi un pariad o 50%, er enghraifft.

Yma mae'r nodweddion unigol yn cael eu pwysoli yn erbyn ei gilydd (system bwyntiau), fel bod cymhariaeth o'r nodweddion yn arwain at ganran ar gyfer y pariad (tebygolrwydd paru ar hap). Er enghraifft, mae'r nodwedd "math o wrthrych" wedi ei bwysoli'n fwy na "gofod byw".

Yn ogystal, gellir dewis nodweddion penodol (fel seler) y mae'n rhaid i'r eiddo gael.

Wrth gymharu nodweddion ar gyfer eu paru, dylid cymryd gofal i roi ardaloedd i'r broceriaid eiddo tirol maent eu heisiau (wedi archebu) yn unig. Mae hyn yn lleihau'r gwaith o baru data, hyd yn oed yn fwy gan fod y broceriaid eiddo tirol yn aml yn gweithio'n rhanbarthol. Dylid nodi bod storio a phrosesu symiau mawr o ddata yn bosibl heddiw trwy'r hyn a elwir y cwmwl.

Dim ond broceriaid eiddo tirol ddylai fod â mynediad i broffiliau chwilio, er mwyn sicrhau cyfryngu eiddo proffesiynol.

Mae'r broceriaid eiddo tirol yn mynd i gytundeb gyda gweithredwr y porth paru eiddo tirol i'r diben hwn.

Wedi paru, gall y broceriaid gysylltu â'r buddgyfranogwyr, ac i'r gwrthwyneb. Mae hyn hefyd yn golygu os yw'r brocer wedi anfon manylion at brynwr posibl, y bydd adroddiad gweithgaredd neu hawliad brocer i gomisiwn yn achos prynu neu rentu wedi ei ddogfennu.

Mae hyn yn tybio bod y perchennog (gwerthwr neu landlord) wedi comisiynu'r brocer i gyfryngu'r eiddo, neu wedi cydsynio i hysbysebu'r eiddo.

6. Ceisiadau

Mae'r paru eiddo a ddisgrifir yma yn berthnasol ar gyfer eiddo i'w prynu neu rentu yn y sector eiddo fflatiau a masnachol. Ar gyfer eiddo masnachol, bydd angen nodweddion eiddo atodol.

Gall brocer hefyd fod yn brynwr posibl, fel sy'n arferol os, er enghraifft, yw'r brocer yn gweithio ar ran cwsmer.

O ran tiriogaeth, gellir addasu'r porth paru eiddo i bron bob gwlad.

7. Manteision

Mae paru eiddo tirol yn cynnig manteision arbennig i brynwyr os, er enghraifft, ydynt yn chwilio yn eu rhanbarth (man preswylio) neu'n chwilio am eiddo mewn dinas/rhanbarth arall oherwydd newid swydd.

Gallant greu proffil chwilio unwaith yn unig a byddant yn derbyn rhestriadau eiddo priodol gan froceriaid gweithredol yn y rhanbarth dan sylw.

Mae'n cynnig manteision gwych i froceriaid o ran effeithlonrwydd a chyflymu gwerthiannau a rhentu, gan eu bod yn cael trosolwg ar unwaith o botensial prynwyr/rhentwyr penodol ar gyfer eu heiddo.

Gall broceriaid hefyd gyfathrebu'n uniongyrchol (yn cynnwys anfon manylion eiddo) gyda'u grwpiau targed perthnasol, sef y rhai sydd wedi ystyried y math o eiddo maent yn chwilio amdano yn ofalus trwy lunio proffil chwilio.

Mae hyn yn cynyddu ansawdd cyswllt gyda buddgyfranogwyr sy'n gwybod am beth maent yn chwilio. Mae hefyd yn lleihau'r nifer o apwyntiadau arddangos – ac yn lleihau'r cyfnod marchnata ar gyfer eiddo a hysbysebir.

Yn dilyn ymweliad i'r eiddo a hysbysebwyd gan y buddgyfranogwyr, fe lofnodir cytundeb prynu neu rentu – fel sy'n arferol.

8. Cyfrifiad enghreifftiol (posibl) – fflatiau a thai ble mae'r perchennog yn breswylydd yn unig (nid yw'n cynnwys fflatiau neu dai a rhentir ac eiddo masnachol)

Mae'r enghraifft canlynol yn esbonio potensial y porth paru eiddo yn glir.

Yn ystadegol mae gan ardal fetropolitan gyda 250,000 o breswylwyr, megis dinas Mönchengladbach, 125,000 o gartrefi (cyfartaledd o 2 breswylydd i bob cartref). Mae'r gyfradd symud gyfartalog yn tua 10%, felly mae 12,500 o gartrefi yn symud pob blwyddyn. Ni ystyrir symudiadau i ac o Mönchengladbach. Felly, aem oddeutu 10,000 o gartrefi (80%) yn chwilio am eiddo i'w rhentu ac oddeutu 2,500 o gartrefi (20%) yn chwilio am eiddo i'r brynu.

Yn ôl Adroddiad Marchnad Eiddo Pwyllgor Cynghorol Dinas Mönchengladbach, yn 2012 cafwyd 2,613 pryniant eiddo tirol. Mae hyn yn cadarnhau'r nifer a grybwyllwyd yn flaenorol o 2,500 o brynwyr posibl. Mewn gwirionedd bydd yn fwy na hynny, gan na fydd pob prynwr posibl yn mynd ymlaen i brynu eiddo. Yn fras, bydd y nifer o brynwyr â diddordeb neu'n benodol y nifer o broffiliau chwilio ddwywaith yn fwy na chyfradd cyfartalog symudiadau tua 10%, sef 25,000 proffil chwilio. Mae hyn yn cynnwys prynwyr posibl a sefydlodd sawl proffil chwilio yn y porth paru eiddo.

Dylid hefyd crybwyll, o brofiad, hyd yn hyn mae tua hanner y buddgyfranogwyr (prynwyr a rhentwyr) wedi dod o hyd i'w heiddo trwy frocer eiddo, felly cyfanswm o 6,250 o gartrefi.

Fodd bynnag, o brofiad mae o leiaf 70% o gartrefi wedi chwilio pyrth eiddo ar-lein, cyfanswm o 8,750 o gartrefi (sy'n cyfateb i 17,500 proffil chwilio).

Pe byddai 30% o'r holl fuddgyfranogwyr mewn dinas fel Mönchengladbach, sef 3,750 o gartrefi (yn cyfateb i 7,500 proffil chwilio), yn sefydlu proffil chwilio gyda'r ap porth paru eiddo tirol, gallai broceriaid eiddo tirol cyfrannog gynnig eu heiddo i brynwyr posibl trwy 1,500 proffil chwilio penodol (20%), ac i rentwyr posibl trwy 6,000 proffil chwilio penodol (80%) pob blwyddyn.

Sy'n golygu mewn dinas gyda phoblogaeth o 250,000, gyda chyfnod chwilio cyfartalog o 10 mis ar gyfer pob proffil chwilio a phris enghreifftiol o €50 y mis, bydd yr incwm posibl o 7,500 proffil chwilio yn €3,750,000 y flwyddyn.

Gan ehangu hyn dros yr Almaen i gyd, gydag oddeutu 80,000,000 (80 miliwn) o breswylwyr, mae hyn yn golygu refeniw posibl o €1,200,000,000 (€1.2 biliwn) y flwyddyn. Os, er enghraifft, yn hytrach na 30%, y byddai 40% o'r holl fuddgyfranogwyr yn chwilio am eiddo ar yr ap paru eiddo tirol, mae'r refeniw posibl yn codi i €1,600,000,000 €1.6 biliwn) y flwyddyn.

Mae'r refeniw posibl hwn ar gyfer fflatiau a thai ble mae'r perchennog yn breswylydd yn unig. Nid yw eiddo rhent a buddsoddiad yn y sector eiddo preswyl na'r sector eiddo masnachol gyfan wedi eu cynnwys yn y cyfrifiad refeniw posibl hwn,

Gydag oddeutu 50,000 o fusnesau yn ymwneud â broceriaeth eiddo tirol yn yr Almaen gyda oddeutu 200,000 o gyflogeion (yn cynnwys contractwyr adeiladu, asiantaethau eiddo tirol a busnesau eraill sy'n ymwneud ag eiddo tirol), a chyfran modelu o 20% o'r 50,000 o fusnesau hyn yn defnyddio'r porth paru eiddo tirol gyda 2 drwydded ar gyfartaledd, y canlyniad, gyda phris modelu o €300 fesul trwydded y mis, yw refeniw posibl o €72,000,000 (€72 miliwn) y flwyddyn. Yn ogystal, Dylid cael archebu rhanbarthol ar gyfer proffiliau chwilio yno, er mwyn sicrhau refeniw posibl arwyddocaol pellach yno, yn ddibynnol ar ffurfweddiad.

Nid oes angen i froceriaid ddal ati i ddiweddaru eu cronfeydd data o brynwyr posibl yn barhaus – os yn berthnasol – oherwydd y potensial mawr hwn ar gyfer buddgyfranogwyr gyda proffiliau chwilio penodol, yn arbennig gan y bydd y nifer o broffiliau chwilio cyfredol yn debygol o fod yn fwy na'r nifer o broffiliau chwilio a sefydlwyr gan nifer o froceriaid ar eu cronfeydd data.

Defnyddir y porth paru eiddo tirol arloesol hwn mewn nifer o wledydd, gallai prynwyr posibl o'r

Almaen, er enghraifft, sefydlu proffil chwilio ar gyfer fflatiau gwyliau ar ynys Mallorca (Sbaen) a byddai'r broceriaid eiddo tirol cyfrannog yn Mallorca gyflwyno fflatiau addas i brynwyr/rhentwyr posibl yn yr Almaen trwy e-bost. Os yw'r manylion wedi eu hysgrifennu yn Sbaeneg, erbyn hyn gall prynwyr posibl gael cyfieithu'r testun ar amrantiad gyda chymorth rhaglen gyfieithu ar-lein.

Er mwyn gallu paru proffiliau chwilio ac eiddo a hysbysebir ar draws ffiniau ieithyddol, gellir paru nodweddion penodol yn y porth paru eiddo ar sail nodweddion rhaglenedig (mathemategol) − heb gyswllt i iaith − gan neilltuo'r iaith wedi hynny.

Gyda defnydd o'r porth paru eiddo tirol ar bob cyfandir, byddair' refeniw posibl a grybwyllwyd (chwilwyr eiddo tirol posibl yn unig) fel a ganlyn trwy ddefnyddio allosodiad syml iawn.

Poblogaeth y byd:

7,500,000,000 (7.5 biliwn) o breswylwyr

1. Poblogaeth mewn gwledydd wedi eu diwydianeiddio a gwledydd sydd wedi eu diwydianeiddio yn bennaf:

2,000,000,000 (2.0 biliwn) o breswylwyr

2. Poblogaeth mewn gwledydd sy'n dod i'r amlwg:

4,000,000,000 (4.0 biliwn) o breswylwyr

3. Poblogaeth mewn gwledydd sy'n datblygu:

1,500,000,000 (1.5 biliwn) o breswylwyr

Gellir trosi'r elw blynyddol posibl ar gyfer Gweriniaeth yr Almaen yn swm o €1.2 biliwn ar gyfer 80 miliwn o breswylwyr a'i ddefnyddio i ragweld swm gwledydd wedi eu diwydianeiddio, gwledydd sy'n dod i'r amlwg a gwledydd sy'n datblygu gyda'r ffactorau tybiedig canlynol.

1. Gwledydd wedi eu diwydianeiddio: 1.0

2. Gwledydd sy'n dod i'r amlwg: 0.4

3. Gwledydd sy'n datblygu: 0.1

Mae hyn yn golygu'r elw blynyddol posibl canlynol: (€1.2 biliwn x poblogaeth (gwledydd wedi datblygu, yn codi neu yn datblygu) / 80 miliwn p breswylwyr x ffactor).

1.Gwledydd wedi eu diwydianeiddio:€ 30.00 biliwn

2.Gwledydd sy'n dod i'r amlwg: € 24.00 biliwn

3.Gwledydd sy'n datblygu: € 2.25 biliwn

Cyfanswm: **€ 56.25 biliwn**

9. Casgliad

Mae'r porth paru eiddo tirol a ddangosir yma yn cynnig manteision arwyddocaol i bobl yn chwilio am eiddo tirol (prynwyr posibl) a broceriaid eiddo tirol.

1. Bydd prynwyr posibl angen llawer llai o amser i chwilio am eiddo tirol addas, wrth iddynt sefydlu eu proffil chwilio unwaith yn unig.

2. Mae broceriaid eiddo tirol yn cael trosolwg cynhwysfawr ar y nifer o brynwyr posibl gyda'u dymuniadau penodol eisoes yn hysbys (o'u proffiliau chwilio).

3. Bydd buddgyfranogwyr yn gweld cynigion eiddo sy'n berthnasol i'w dymuniadau penodol yn unig (yn unol â'u proffiliau

chwilio) gan bob brocer eiddo tirol (rhyw fath o ragddetholiad awtomatig).

4. Bydd broceriaid eiddo tirol angen gweithio llai ar eu cronfeydd data unigol ar gyfer proffiliau chwilio, gan fod nifer fawr o broffiliau chwilio cyfredol ar gael yn barhaol.

5. Gan mai dim ond i ddarparwyr masnachol/broceriaid eiddo tirol mae'r porth paru eiddo tirol ar gael, mae prynwyr posibl yn gweithio gydag asiantau proffesiynol a phrofiadol.

6. Bydd llai o angen i froceriaid eiddo tirol drefnu ymweliadau ac mae'r cyfnod marchnata yn fyrrach ar y cyfan. Roedd prynwyr posibl hefyd angen trefnu llai o ymweliadau, yn ogystal â chymryd llai o amser i lofnodi cytundeb prynu neu rentu.

7. Mae hyn hefyd yn arbed amser i berchnogion yr eiddo i'w werthu neu rentu. Yn ogystal, mae cyfradd llefydd gwag ar gyfer eiddo rhent a thaliadau prynu cyflymach ar gyfer eiddo i'w brynu trwy gyflymu gwerthiant neu rentu yn creu mantais ariannol hefyd.

Gall cyflawni a gweithredu'r syniad hwn ar gyfer paru eiddo fod yn ddatblygiad arwyddocaol ar gyfer cyfryngu eiddo tirol.

10. Integreiddio'r porth paru eiddo tirol mewn meddalwedd broceriaeth eiddo tirol newydd yn cynnwys gwerthuso eiddo

Yn ddelfrydol, gall neu dylai'r porth paru eiddo tirol a ddisgrifir yma fod yn elfen bwysig o feddalwedd broceriaeth eiddo tirol o'r cychwyn gan ei ddefnyddio'n fyd eang yn ddelfrydol. Mae hyn yn golygu y gall broceriaid eiddo ddefnyddio naill ai'r porth paru eiddo tirol yn ogystal â'u meddalwedd broceriaeth eiddo cyfredol neu, yn ddelfrydol, ddefnyddio'r meddalwedd broceriaeth eiddo tirol newydd yn cynnwys y porth paru eiddo tirol.

Mae integreiddiad y porth eiddo tirol effeithiol ac arloesol hwn gyda meddalwedd broceriaeth eiddo unigol yn bwynt gwerthu unigryw sylfaen ar gyfer y meddalwedd broceriaeth eiddo, sy'n bwysig i sicrhau lle yn y farchnad.

Gan fod prisio eiddo yn, a bydd yn parhau i fod yn, agwedd bwysig o gyfryngu eiddo tirol, dylid ar bob cyfrif cynnwys offeryn prisio eiddo yn y meddalwedd broceriaeth eiddo tirol. Gall prisio eiddo gyda'i gyfrifiadau cysylltiedig gael mynediad at ddata/paramedrau perthnasol o'r eiddo a gyflwynwyd gan y brocer eiddo trwy ddolenni. Os oes angen, mae'r brocer yn ychwanegu ar y paramedrau coll gyda'i arbenigedd unigol o'r farchnad ranbarthol.

Dylai'r meddalwedd broceriaeth eiddo hefyd greu cyfle i integreiddio rhith deithiau o'r eiddo sydd ar gael. Gellid gweithredu'r rhain yn syml, er enghraifft trwy ddatblygu ap atodol ar gyfer ffonau symudol ac/neu lechi, ble mae recordiad o rith daith o'r eiddo yn cael ei gynnwys yn awtomatig yn y meddalwedd broceriaeth eiddo.

Os bydd y porth paru eiddo tirol effeithiol ac arloesol hwn yn cael ei integreiddio i feddalwedd broceriaeth eiddo newydd gyda phrisio eiddo, bydd hyn hefyd yn cynyddu refeniw posibl.

Matthias Fiedler

Korschenbroich, 31 Hydref 2016

Matthias Fiedler

Erika-von-Brockdorff-Str. 19

41352 Korschenbroich

Yr Almaen

www.matthiasfiedler.net